Notre couverture :
La loge des Bourgeois à Bruges
(Belgique).
Phot. Loirat-Explorer.

Rédaction : Suzanne Agnely et Jean Barraud, assistés de
J. Bonhomme, N. Chassériau et L. Aubert-Audigier.
Iconographie ; A.-M. Moyse, assistée de N. Orlando.
Mise en pages : E. Riffe, d'après une maquette de H. Serres-Cousiné.
Correction : L. Petithory, B. Dauphin, P. Aristide.
Cartes : D. Horvath.

Le présent volume appartient à la dernière édition (revue et corrigée) de cet ouvrage. La date du
copyright mentionnée ci-dessous ne concerne que le dépôt à Washington de la *première* édition.

© *Librairie Larousse, Dépôt légal 1978-3ᵉ – Nᵒ de série Éditeur 12190.*
Imprimé en Espagne par Printer S.A. Barcelone (Printed in Spain)
Librairie Larousse (Canada) limitée, propriétaire pour le Canada
des droits d'auteur et des marques de commerce Larousse.
Distributeur exclusif pour le Canada : les Éditions françaises Inc.
licencié quant aux droits d'auteur et usager inscrit des marques pour le Canada.

Iconographie : tous droits réservés à A. D. A. G. P. et S. P. A. D. E. M.
par les œuvres artistiques de leurs adhérents.
ISBN 2-03-252102-4.
D.L.B. : 23749-1989

les Pays-Bas
la Belgique
le Luxembourg

Librairie Larousse

17, rue du Montparnasse, 75006 Paris.

les Pays-Bas

pages 1 à 20

rédigé par Suzanne Chantal

MER DU NORD

Ameland
Terschelling
Vlieland
WADDENZEE
Texel
Uithuizen
Dokkum
Groningue
Leeuwarden
Franeker
Harlingen
FRISE
GRONINGUE
Den Helder
Sneek
Digue du Nord
Hindeloopen
Tynarlo
Den Oever
DRENTHE
HOLLANDE
DU
NORD
Lemmer
OVERIJSSEL
Giethoorn
Enkhuizen
Emmeloord
Alkmaar
Hoorn
Noordoostpolder
Kampen
Edam
Markerwaard
Zwolle
IJmuiden
Zaandam Volendam
Lelystad
Oostelijk
Flevoland
Haarlem
AMSTERDAM
Zandvoort
Naarden
Zuidelijk
Flevoland
Deventer
Hengelo
Sassenheim
Hilversum
Apeldoorn
HOLLANDE
Enschede
Leyde
DU SUD
UTRECHT
Zutphen
LA HAYE
Amersfoort
(DEN HAAG)
Utrecht
GUELDRE
Delft
Arnhem
Gouda
ROTTERDAM
Nimègue
Dordrecht
RÉPUBLIQUE
Bois-le-Duc
FÉDÉRALE
ZÉLANDE
Zierikzee
D'ALLEMAGNE
BRABANT-SEPTENTRIONAL
Veere
Middelburg
Goes Bergen
Breda
Op Zoom
Tilburg
Flessingue
Eindhoven
LIMBOURG
ANVERS
DÜSSELDORF
BELGIQUE
Maastricht
0   50 km
Vaals

Pays-Bas

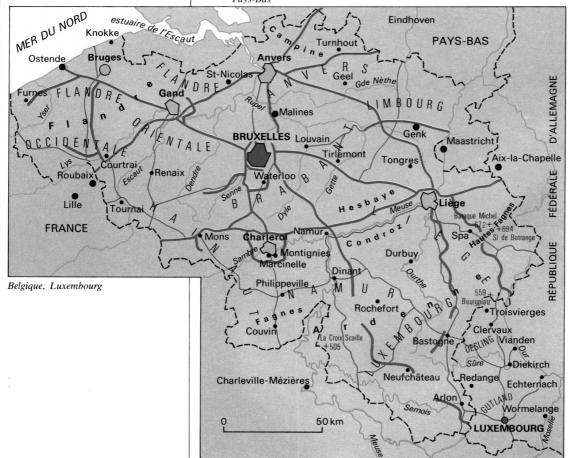

MER DU NORD
estuaire de l'Escaut
Eindhoven
Knokke
Turnhout
PAYS-BAS
Ostende
Bruges
Campine
St-Nicolas
Anvers
Furnes
FLANDRE
Gand
Geel
Gde Nèthe
A
Yser
FLANDRE
Malines
LIMBOURG
N
OCCIDENTALE
ORIENTALE
Rupel
V
E
BRUXELLES
Louvain
Genk
R
Lys
Courtrai
Tirlemont
Maastricht
S
Roubaix
Escaut
Renaix
Dendre
Senne
Tongres
Aix-la-Chapelle
Lille
Tournai
BRABANT
Gette
Dyle
Hesbaye
Meuse
Liège
FRANCE
Mons
Charleroi
Namur
Condroz
Spa
Baraque Michel
672+ +694
Sambre
Sl de Botrange
Montignies
Hautes Fagnes
Marcinelle
Durbuy
Philippeville
Dinant
Ourthe
559+
Rochefort
Buurgplatz
Fagnes
Troisvierges
Couvin
Clervaux
La Croix Scaille
Vianden
+505
Bastogne
Oesling
Our
Diekirch
Charleville-Mézières
Redange
Echternach
Neufchâteau
Sûre
Arlon
Wormelange
GUTLAND
Moselle
0   50 km
Semois
LUXEMBOURG
Meuse

Belgique, Luxembourg

la Belgique

pages 1 à 17

rédigé par Suzanne Chantal

le Luxembourg

pages 1 à 3

rédigé par Suzanne Chantal

les Pays-Bas

« *Dieu a fait le monde,*
excepté la Hollande, qui a
été faite par les Hollandais. »

Informe est, en effet, le territoire rencontré, à la fin des longues errances de la préhistoire, par les hommes venus de Scandinavie ou des pays Baltes. Ils s'embourbent dans les marais que cernent de toutes parts les flots glacés et gris des fleuves et de la mer. Ces hommes commencent par vivre dans leurs barques, puis élèvent des digues contre les flots. De jour en jour, de siècle en siècle, ils parviendront à dominer l'eau, à la mettre à leur service et, finalement, à conquérir sur elle un royaume.

Les fleuves — l'Escaut, le Rhin, la Meuse —, si puissants qu'ils emportent au large des îles à demi submergées, deviennent des

routes. Au creux de leurs embouchures se nichent des ports. Des tranchées drainent les noires étendues des tourbières et les sables salés d'écume. Des moulins épongent nuit et jour l'humidité profonde des terres basses. Enfin la mer est prise au piège de la Grande Digue du Nord : elle se rétrécit, sur la carte de Hollande, comme une tache d'eau qui sèche sur un buvard, et désormais, sur les gras pâturages des polders, les mouettes se mêlent aux troupeaux.

Aux heures de grand danger, l'eau n'est plus une servante mais une alliée. Elle protège en inondant, fait reculer l'ennemi ou paralyse ses manœuvres. Mais elle reste redoutable : en 1953, elle engloutit 150 000 ha et fait 1 835 victimes. Il ne faut pas relâcher un instant l'effort qui permet de la vaincre, ni lui céder jamais un pouce du terrain conquis...

▲
Parmi les vieilles demeures qui sont le charme de Veere, certaines sont appelées « maisons écossaises » : elles furent élevées au XVIe siècle par les négociants faisant commerce de la laine avec l'Écosse.
Phot. M. Levassort

Cette lutte et cette alliance, constantes, étroites, entre l'homme et l'eau ont trempé le caractère du Néerlandais. Il est attentif et obstiné : toute défaillance est dangereuse. Il est laborieux et pratique, car rien ne lui a été donné : il lui a fallu tout mériter par l'audace, par la persévérance et par un sens aigu du commerce. Il est grave, réfléchi, lent à s'émouvoir ou à s'engager, mais résolu dans son amour de l'indépendance et dans la défense de ses droits : c'est qu'il a dû, souvent, se mesurer à plus fort que lui et, d'abord, à la nature même. Enfin, il tient profondément à ce qu'il possède. C'est ce qui donne à la vie quotidienne hollandaise tant de fraîcheur et de grâce : le moindre ustensile, la plus humble maison, le plus étroit jardin prend tout son éclat à force de soin, de propreté, d'amour. Partout un air de santé, d'aisance. Pas une ressource

Longue de 30 km, la Digue du Nord relie la Hollande-Septentrionale à la Frise, transformant l'ancien golfe du Zuiderzee en un lac d'eau douce, l'IJsselmeer.
Phot. Bérenger-C. D. Tétrel

Histoire
Quelques repères

925 : après le démembrement de l'empire de Charlemagne, Henri Ier l'Oiseleur tente de rattacher les Pays-Bas au royaume de Germanie.
1428 : par le traité de Delft, Philippe le Bon, duc de Bourgogne, devient héritier des comtés de Hollande, de Zélande et de Hainaut.
1496 : le mariage de Philippe le Beau à Jeanne la Folle, fille des Rois Catholiques, lie les Pays-Bas à la couronne d'Espagne.
1567 : Philippe II envoie le duc d'Albe réprimer une révolte dont le chef est Guillaume d'Orange.
1584 : assassinat de Guillaume d'Orange; Maurice de Nassau poursuit la lutte.
1648 : congrès de Münster; l'Espagne reconnaît l'indépendance des Provinces-Unies (avec le Brabant septentrional).
1689 : Guillaume III, stathouder (gouverneur) des Provinces-Unies, devient roi d'Angleterre, et les Pays-Bas tombent dans l'orbite anglaise pour un demi-siècle.
1794 : les troupes françaises envahissent les Pays-Bas.
1795 : création de la République batave.
1810 : annexion par Napoléon.
1815 : constitution par le congrès de Vienne du royaume des Pays-Bas, unissant les anciennes Provinces-Unies aux Pays-Bas jadis autrichiens.
1830 : révolution de Bruxelles.
1831 : séparation Belgique-Pays-Bas.

Dans le village lacustre de Giethoorn, aux maisonnettes enfouies dans la verdure, reliées entre elles par des ponts minuscules, la barque à fond plat est le moyen de transport.
Phot. P. Tétrel

qui ne soit exploitée, pas un florin qui soit gaspillé, mais on ne compte pas lorsqu'il s'agit d'un musée ou d'une tulipe. L'utile sait être beau et l'ornement devenir indispensable.

Un pays qui ressemble à sa peinture, dans ses paysages et dans ses gestes les plus simples, dans l'intimité de ses demeures et le lumineux tumulte de ses ciels.

Les îles, sentinelles de la Hollande

Elles semblaient partir à la dérive en Zélande, dans les remous du triple delta, mais elles s'alignaient en long chapelet au large de la côte frisonne. La mer les avait détachées, grignotées, polies comme des galets, nourries d'un limon amené par les fleuves, ou finement sablées. Les unes (Tholen, Texel) restaient rustiques, fleurant le lait des brebis, le guano, le varech. D'autres (Schouwen-Duiveland, les Beveland, Walcheren) bordaient leurs rues, pavées de brique rose, de belles demeures blasonnées. Certaines n'avaient même pas de nom sur la carte, mais celui de quelques villes éveillait un écho historique.

Toutes supportaient le coup de boutoir des marées, le dur rabot des tempêtes, les travaux de sape du flux qui défonce et du reflux qui vide les fondements d'un sol toujours menacé. Elles se défendaient avec des fascines, des quais, des digues, de plus en plus larges et solides. Cependant, il n'est vigilance, même constante, qui permette d'éviter une catastrophe comme celle de 1953. Le raz de marée ravagea non seulement l'archipel de Zélande, mais les rivages dont celui-ci était la sentinelle. Les Hollandais comprirent alors qu'il ne suffisait plus de perfectionner les méthodes traditionnelles de protection. Il fallait mettre en œuvre tout l'effort de l'industrie et toutes les ressources de la technique pour élever un rempart infranchissable et continu. Des digues routières relièrent les îles zélandaises, enfermant des bras de mer aux eaux domptées,

rassemblant dans un filet puissant les éléments épars de l'archipel. Protégées, arrachées à leur isolement séculaire, Walcheren, les Beveland, Schouwen-Duiveland et les autres ont perdu un peu de leur saveur particulière, se sont intégrées, malgré elles, dans le siècle. Le vent ne fait plus palpiter, comme des ailes de mouette, les coiffes de dentelle tenues par des épingles d'or ; les maraîchers ne portent plus au marché hebdomadaire leurs sacs de grain et leurs paniers de cerises dans des carrioles à panneaux sculptés. Mais le passé s'inscrit toujours en lettres d'or sur le Stadhuis (hôtel de ville) à 72 fenêtres de Goes, sur les portes et le donjon de Zierikzee, sur les précieuses façades des quais de Veere et sur le beffroi à quatre clochetons de Middelburg.

L'île de Walcheren était le verrou de l'Escaut, et la ville de Flessingue (Vlissingen) — d'où Charles Quint, en 1556, s'embarqua pour

Cheveux de lin coupés en frange et coiffe de dentelle toute simple : le sourire traditionnel des Pays-Bas, à Marken.
Phot. Gérard-Fotogram

▲ *Jacinthes et tulipes, un des symboles de la Hollande :*
au printemps, leurs champs couvrent le «plat pays»
d'immenses tapis aux couleurs vives.
Phot. P. Ploquin

▶ *Un peu fantomatique dans la brume, au bord de son*
canal, un des moulins dont les ailes tournèrent
longtemps pour assécher la Hollande.
Phot. F. Peuriot

ché de l'industrie de la Ruhr, son centre de ravitaillement en matières premières, le grand port d'échange de l'Europe occidentale du Nord.

Le 14 mai 1940, un raid de bombardiers réduit Rotterdam en cendres. Tout le centre de la ville et la plupart des monuments sont anéantis. La tragique statue de Zadkine, représentant un homme au cœur arraché, aux bras levés dans un geste d'épouvante et de désespoir, perpétue le souvenir de ce drame. En vingt-cinq ans, la cité martyre reconstruit 90 000 foyers, comble ses canaux défoncés, déblaie et modernise son port, puis multiplie les cités-dortoirs et les faubourgs-satellites pour loger une population en progression constante (plus de 1 million d'habitants au total). Rotterdam redevient la porte de l'Europe.

On ne sauve guère, de la ville ancienne, que l'église Saint-Laurent, reconstruite, dotée d'un carillon offert par la population, mais bien vite enfouie au milieu des gratte-ciel. Car l'urbanisme opte pour un style résolument moderne, réservant une large place aux espaces verts. Un zoo s'installe en plein centre, les oiseaux migrateurs viennent nicher près des réservoirs d'eau potable, les artistes se réfugient dans le vieux quartier épargné de Delfthaven. À mesure que le port se développe et s'industrialise, la ville s'en détourne. Et ce sont désormais les touristes qui font, en bateau, le circuit nocturne des docks pour voir flamboyer les usines, ou qui visitent les bâtiments à quai.

Dans l'étroit golfe de l'IJ, au fond de l'ancien Zuiderzee, Amsterdam, la capitale, qu'un canal relie maintenant à la mer du Nord, demeure plus attachée à ses origines, à ses souvenirs, à sa réputation truculente de ville à marins. Elle a conservé ses cabarets bruyants, ses relents de genièvre, ses noctambules, ses rôdeurs, ses rues chaudes. Les étroits pignons à redans des maisons en brique brune, rehaussées de soutaches blanches, s'alignent avec rigueur le long des canaux qui se déploient en éventail, selon la géométrie infaillible des stries d'un coquillage, enserrant 90 îlots que relient plus de 400 ponts.

Par les fenêtres, à travers un écran de plantes vertes, on découvre des bureaux, des comptoirs, des ateliers où se manifeste une activité sans fièvre, menée avec une dignité appliquée. Mais la senteur d'un dépôt de cacao ou de cordages, le désordre d'une vitrine de brocante, l'audace d'un studio d'art moderne, la rengaine d'un limonaire aux couleurs de guimauve viennent soudain rompre cette gravité un peu raide, rendant à la ville son parfum d'aventure, sa poésie pénétrante.

À côté de ces ruches bourdonnantes, le centre administratif du royaume, La Haye, affecte des discrétions de grande dame. Située à 3 km de la mer du Nord, elle a pris ses distances avec Scheveningen, le port de pêche qui la prolonge, devenu, grâce à elle, station balnéaire. La Haye a des monuments, vénérables ou récents : le Binnenhof, ancienne cour intérieure du palais des stathouders, où la reine vient chaque année, dans un carrosse de conte de fées, inaugurer la session parlementaire dans

aller s'enfermer dans un couvent espagnol — en était la clé. C'est pourquoi, à l'automne 1944, afin de libérer le port d'Anvers et de faire taire les canons allemands, les bombardiers anglais crevèrent la digue de l'île en quatre points, submergeant les sept huitièmes de Walcheren, qui restèrent dix mois sous l'eau.

La paix revenue, 3 400 hommes s'acharnèrent à sauver l'île. Avec des moyens limités, mais une volonté farouche, ils revinrent à la vieille méthode des fascines alourdies de pierres et de glaise, cassant la couche de gel qui pétrifiait les arbres morts, découvrant les carcasses de tanks noyés. On assécha, on assainit le sol saumâtre, on reboisa, et de nouveau, comme sur les armes de Walcheren où un épi jaillit d'une coquille, on vit mûrir moissons et vergers.

« Qui n'arrête pas la mer ne mérite pas la terre », affirme la sagesse hollandaise, que nulle épreuve n'a pu entamer.

Les ports,
rendez-vous du monde

À 30 km de la mer, dans le double delta du Rhin et de la Meuse, Rotterdam est le plus grand port du monde, tant par son étendue que par son trafic, qui reste considérable malgré la crise du pétrole qui a frappé une partie du monde depuis 1974 ; il est en effet le débouché naturel de la Suisse, de l'Allemagne et de la France rhénanes,

et d'innombrables navires de tous tonnages transitent chaque année dans le chenal de la Meuse, approfondi, élargi, aménagé, dont les 35 nouveaux bassins rejoignent l'Europort de Hoek van Holland, sur la mer du Nord.

Des radars guident le flux et le reflux des navires ; les quais restent actifs jour et nuit, comme les usines qui leur font escorte avec leurs cheminées, leurs réservoirs, leurs silos, leurs entrepôts géants. Les raffineries de pétrole et les industries pétrochimiques ont chassé les oiseaux aquatiques qui peuplaient les marais de Maasvlakte. Rotterdam est le débou-

▲
Les bateaux de plaisance apportent une joyeuse animation aux quais de Harlingen, où s'élèvent encore quelques vieilles maisons à pignon.
Phot. M. Levassort

▲
Bien des cultivateurs néerlandais se souviennent du temps où ils étaient marins...
Phot. Berne-Fotogram

▶
Porte marine du Rhin, Rotterdam est, avec une intense activité internationale, le plus grand port du monde.
Phot. Berne-Fotogram

la Ridderzaal (salle des Chevaliers) constellée des blasons de toutes les villes néerlandaises, et le Vredespaleis (palais de la Paix), offert par l'Américain Carnegie, orné par les grands pays du monde et inauguré à la veille de la Première Guerre mondiale. Ville de diplomates et de hauts fonctionnaires, La Haye est aussi celle des retraités retour d'Indonésie. De beaux arbres ombragent parcs et avenues, des cygnes glissent sur l'eau calme des bassins : luxe et bon ton. Le gouvernement siège à La Haye, mais la famille royale n'y réside pas, si elle y donne ses réceptions officielles (elle vit le plus souvent à Soestdijk, près d'Amersfoort). Le ravissant Mauritshuis, le palais de Jean Maurice de Nassau, abrite des princes de la peinture : Rembrandt (dont le temple reste toutefois le Rijksmuseum d'Amsterdam), Vermeer de Delft, Jan Steen...

Marken, près d'Amsterdam, était hier une île où l'on se mariait entre cousins. Elle est aujourd'hui reliée à la côte par une digue qui lui amène des autocars bondés de touristes. Bardés de caméras, ceux-ci photographient les maisonnettes peintes comme les barques qui se balancent dans l'anse du petit port, et les étranges costumes multicolores des femmes et des fillettes aux cheveux rognés en frange sur le front. Dans le port de pêche voisin de Volendam, son rival en pittoresque, les femmes ont gardé le tablier rayé, le collier de corail et la coiffe pointue, mais les hommes, s'ils portent encore des sabots, arborent bien rarement la vaste culotte et la veste à boutons d'argent considérées comme le costume national néerlandais (au même titre que le nom de Hollande, qui ne s'applique qu'à deux provinces, désigne souvent, à l'étranger, l'ensemble des Pays-Bas).

Située à l'embouchure de l'ancien Zuiderzee, Harlingen n'a pas été, comme les autres ports de cette mer intérieure, prise dans une nasse quand la Grande Digue du Nord a bouclé

En Hollande, les fenêtres, ornées de plantes vertes ou de fleurs, n'ont pas de rideaux et exposent aux yeux des passants d'impeccables intérieurs.
Phot. F. Peuriot
▼

l'IJsselmeer. Demeurée libre, ouverte sur le grand large, elle fait un commerce actif avec la Grande-Bretagne, qui goûte fort les volailles, le bétail et les laitages des fermes frisonnes. On s'y embarque pour les îles de vacances aux belles plages, les Wadden et leurs milliers d'oiseaux et de moutons, Vlieland interdite aux voitures et aux motos...

Au nord du pays, sur la rive gauche de l'Eems, face à l'Allemagne, Delfzijl, qui, avec Brême et Lübeck, arma jadis une flottille pour aller en croisade, est maintenant un port de plaisance.

Les Néerlandais, qui ont doublé les premiers le cap Horn et créé les deux tiers du vocabulaire maritime, possèdent encore une importante flotte marchande, mais, désormais, le monde vient aussi dans leurs eaux.

Fleuves et canaux, des chemins qui marchent

Trois fleuves puissants labourent la chair fragile de ces Provinces-Unies, fortes de leur seule union, que Napoléon annexa en les déclarant « alluvions de fleuves français ». Il est vrai que, venus des hautes Alpes suisses, des plateaux lorrains et de Picardie, le Rhin, la Meuse et l'Escaut arrivent alourdis, gorgés de leur propre limon, et s'étalent en deltas enchevêtrés.

L'Escaut enlace et sépare les îles de Zélande, de connivence avec la Meuse que le Rhin vient épouser à Dordrecht, parmi les joncs de Biesbosch. L'homme ne s'est pas laissé vaincre par ces flots qui rétrécissaient encore son domaine déjà menacé de toutes parts. Il a su asservir cette force qui pouvait le ruiner, en faire un artisan de sa fortune. Les fleuves sont devenus des chemins qui marchent, leurs bras accueillent chantiers navals et bassins portuaires. Après avoir été longtemps des frontières âprement contestées, ils apparaissent désormais comme un trait d'union, l'axe économique de l'Europe en formation. Le Rhin,

▲
Havre de paix et de silence au cœur d'Amsterdam, le Begijnhof, avec ses vieilles maisons du XVIᵉ et du XVIIᵉ siècle, est réservé aux personnes âgées.
Phot. M. Levassort

surtout, qui traverse une des régions les plus peuplées, les plus actives, les plus développées du monde dans le domaine de la technique et de la productivité.

Le Rhin, qui fait pénétrer la mer à 800 km à l'intérieur des terres, est animé par un perpétuel va-et-vient de cargos et de péniches, de remorqueurs et de lourds chalands. Des canaux corrigent sévèrement ses moindres turbulences : laborieux, dompté, il doit se contenter

du souvenir de ses foucades passées. Les ponts de Nimègue et d'Arnhem furent chèrement disputés en septembre 1944, mais le Vieux Rhin, en Gueldre, reflète paisiblement des châteaux et des jardins avant de se diviser à Utrecht — l'ancien Gué-du-Rhin des Romains —, qui veille sur l'écluse médiévale de Vreeswijk. Dès lors, il semble jouer à cache-cache. On le retrouve à Leyde, facilement enjambé par un pont couvert et blasonné, aux

alentours duquel se tiennent marché aux fleurs et bouquinistes. Mais, au sud, il mêle ses eaux à celles de la Meuse dans l'immensité du Hollandsch Diep, dont les rives sont si écartées qu'il faut, pour les relier, l'interminable viaduc métallique de Moerdijk.

Il ne suffisait pas d'utiliser au maximum la puissance domestiquée des cours d'eau. Il fallait encore purger la terre de l'eau qui, douce ou saumâtre, la pénétrait. Pour cela, on creusa

des canaux, on fit tourner des moulins-pompes. Un réseau serré de rigoles, plus ou moins larges et profondes, sillonne le pays en tous sens, drainant sables et marais. C'est ainsi qu'au milieu des pâturages, parmi les boqueteaux, au cœur des villes surgissent, insolites, des bateaux qui semblent naviguer sur l'herbe ou le pavé.

À Delft, les ruelles d'eau, sous les tilleuls, reflètent un couvent, une vieille église, une

▲
Enjambés par plus de quatre cents ponts, bordés de quais plantés d'arbres séculaires, où s'alignent de hautes et étroites demeures, des centaines de canaux quadrillent Amsterdam.
Phot. Silvester-Rapho

▶
Le village de pêcheurs de Marken, dont les maisons en bois, peintes ou goudronnées, sont construites au ras de l'eau.
Phot P. Tétrel

vitrine pleine de délicates porcelaines. À Dordrecht, à l'écart des quais tapageurs de la Meuse, les pêcheurs traquent l'anguille. Dans les villages, les maisons se nichent au ras de l'eau, ne gardant que la place d'un jardinet où le vélo est garé près du canot, au bout d'un petit pont de planches. À Giethoorn, près de Meppel, il n'y a pas de rues : noces et funérailles empruntent, comme les vaches pour

se rendre au pâturage, la barque à fond plat, dite *de punt*, que l'on manœuvre à la perche. À Winsum, près de Groningue, la perche sert à sauter par-dessus le canal, lors d'un concours qui se dispute le troisième samedi d'août.

Les canaux de grande circulation sont jalonnés d'écluses, et leurs ponts, qui tournent ou se soulèvent pour laisser passer les bateaux, sont si intimement liés au paysage que l'on croit

en reconnaître un dans le tableau que Van Gogh peignit... à Arles.

Endormis sous les nénuphars ou brassés par les pales d'un moulin, rendez-vous des pêcheurs à la ligne et des cortèges de canards, nappés de brumes ou scintillants de gel, les canaux sont le filet que le Néerlandais, vainqueur de l'eau, a jeté sur son pays pour y recueillir les fruits de la terre.

▲
À l'horizon de vastes pâturages où paissent moutons et vaches se profilent des silhouettes de moulins, inséparables du paysage hollandais.
Phot. F. Peuriot

▶
Canaux ombragés de tilleuls, petits hôtels particuliers, ponts en dos d'âne et bicyclettes, Delft est l'image parfaite des vieilles cités hollandaises.
Phot. F. Peuriot

Double page suivante :
Seul vestige des fortifications qui entouraient jadis Delft, l'Oostpoort a conservé ses tourelles médiévales à toit pointu.
Phot. R. Cauchetier

Au fil des digues

Qui n'a entendu raconter, à l'école, l'histoire du petit garçon qui boucha de son doigt la fissure qui s'ouvrait dans une digue, évitant ainsi que son village ne soit englouti par les flots ? Ce petit garçon s'appelait Hans Brinkers, et sa statue s'élève à Spaarndam, près de Haarlem. Deux choses risquent de déconcerter ceux qui se rendraient là-bas en pèlerinage : comment un doigt d'enfant peut-il colmater une brèche dans une digue, et à quoi peut servir une digue à Spaarndam qui n'est pas au bord de la mer ?

C'est que non seulement l'histoire mais aussi la géographie des Pays-Bas se sont faites au jour le jour : le petit Brinkers vivait à une époque où l'on défendait les rivages non pas avec de solides fortifications de béton, mais à l'aide de fagots et de pieux, de boue séchée et de bâches, et la mer, méchante et sournoise, éventrait souvent la côte frisonne, noyant les terres sous les flots du Zuiderzee, ou isolait le Brabant néerlandais en emportant, d'un coup, soixante-douze villages.

Les temps ont changé. Maintenant, c'est la mer qui recule et la terre qui passe à l'attaque. La digue n'est plus seulement un bouclier, un rempart défensif, c'est un mur qui délimite le terrain conquis ou à annexer. Tandis que, dans le Sud, les grands travaux du Delta protègent la Zélande et l'intègrent au complexe économique de la côte hollandaise, dans le Nord se poursuit l'assèchement du Zuiderzee. Depuis 1932, une digue de 42 km relie Den Oever à Zurich, en Frise, enfermant une mer intérieure dont les fureurs se sont apaisées et dont la faune s'est peu à peu métamorphosée à mesure que s'adoucissaient les eaux. Des escadres de cygnes se balancent sur les courtes vagues soulevées par le vent qui franchit la digue et rabat les oiseaux de mer.

L'île de Wieringen est maintenant soudée à la terre, comme, en face, celle d'Urk. Les pêcheurs et les marins d'Enkhuizen (dont le port abritait quatre cents bateaux et qui mettait trois harengs dans ses armoiries), de Medemblik (où le grand roi frison Radboud éleva un château) et de Hoorn (dont les femmes portaient des bijoux rapportés de l'empire néerlandais d'Indonésie) se sont faits paysans, éleveurs, fromagers. La terre souple et légère du polder donne une herbe succulente, qui régale des vaches noir et blanc, des moutons par milliers, de beaux chevaux fringants auxquels les mouettes criardes viennent tenir compagnie.

Les étendues désertes de Flevoland, mises hors d'eau en 1968, bientôt purgées de leur sel, sont devenues fécondes comme le devinrent, au siècle dernier, les marais de vieille Hollande. C'est là qu'on trouve — à Lisse, à Hillegom, à Sassenheim — ces éblouissants champs de fleurs que dorlotent les « docteurs en tulipes », sélectionnant, traitant et inventant des bulbes aux variétés innombrables. Lorsque la tulipe fut, au XVIᵉ siècle, importée de Turquie, les Néerlandais, enrichis par le commerce avec l'Extrême-Orient, se passionnèrent pour ces fleurs avec la paradoxale frénésie des sages. On intrigua, on se ruina, offrant, pour un bulbe rare, une somme qui aurait suffi à doter une fille ou à racheter un prisonnier. Durant l'occupation allemande, en 1944, les Hollandais, affamés, en furent réduits à manger leurs précieux oignons. Là aussi, l'effort a vite pansé la plaie : le narcisse et la jacinthe embaument la campagne, la tulipe flamboie autour de la noble cité de Haarlem, provinciale et cossue, de sa Grote Kerk (cathédrale Saint-Baron) où Händel

et Mozart enfant jouèrent de l'orgue, de son Stedelijkmuseum installé dans l'hospice où peignit et mourut Frans Hals.

La vraie richesse des Pays-Bas demeure toutefois son industrie laitière. Les vieilles cités hollandaises les plus typiques — Alkmaar, Edam, Gouda — sont célèbres pour leurs fromages. Leeuwarden a élevé à la vache un monument appelé *Us Mem* (Notre Mère) et le

▲

Aux environs de La Haye, le parc de Keukenhof s'embellit, au printemps, des mille couleurs de ses massifs de fleurs.
Phot. F. Peuriot

savoureux de ses pâturages, le Néerlandais se nourrit avec une robuste sobriété. Excepté au dîner, où il retrouve volontiers, dans les plats épicés des îles de la Sonde, le goût exotique et un peu nostalgique des grandes aventures d'autrefois, et où il ne mange jamais de pain.

Fiévreuses tourbières

Nul ne peut dire à quelle époque un raz de marée géant noya le nord du pays, ni pendant combien de temps les forêts ensevelies de Groningue et de Drenthe fermentèrent pour former ces immenses étendues de tourbe qui, pendant des siècles, sombres et fiévreuses, s'illuminaient parfois de feux follets bleuâtres. La mer, qui toujours tourmente et protège le Néerlandais, constituait là de précieuses réserves. Drainées, les tourbières fournirent longtemps un combustible bon marché, qui chauffait toutes les Provinces. Chaque écolier sait que c'est dans une péniche de tourbe que les hommes de Maurice de Nassau pénétrèrent dans Bréda et en chassèrent les Espagnols.

Les campagnes, cependant, restaient mornes, couvertes de bruyères rases et de maigres taillis. Les cultures étaient pauvres, les villages isolés ne comptaient que de tristes chaumières.

Certes, Groningue était une bourgeoise nantie, une négociante avisée qui faisait bon commerce de ses cigares et, outre ses minoteries, exploitait la fécule et la dextrine. Elle s'offrait même le luxe d'une université et d'étudiants dissipés. Mais, dans les humides landes de la Drenthe, on n'élevait que des vaches maigres et des porcs, autour de curieux amoncellements de pierres énormes, vieux de 4 000 ans, appelés *hunnebedden* (lits des Huns). L'exploitation de la tourbe, puis le défrichement du sol sablonneux ainsi mis à nu ont permis d'intensives cultures herbagères et céréalières.

Rien de plus frais, de plus fleuri, de plus souriant que les colliers de villes et de villages égrenés au long des canaux tranquilles qui relient la Frise à l'Overijssel. C'est ici la terre du miel, un pays dont Descartes, qui vécut à Deventer, aimait la sereine simplicité. Sur la grande route d'Amersfoort à Groningue, entre Zwolle et Meppel, Staphorst conserve jalousement ses traditions, ses maisons à toit de chaume et, surtout, les ravissants costumes — châle fleuri, multiples jupons et coiffe nouée sous le menton — que les écolières rieuses, leur

Jeune Taureau de Potter est à l'honneur au musée de La Haye. Au bout des petits chemins herbus, au bord des canaux, sous les saules, sont groupés les bidons que ramassent les camions des coopératives laitières.

Les boulangers exposent dans leurs vitrines jusqu'à vingt variétés de pain (au cumin, aux amandes, en tresse, en turban, en rosace). Avec le poisson fumé ou séché de ses pêcheries de mer ou d'eau douce et les fromages

▲

La Haye : au centre du Binnenhof, cour intérieure de l'ancien palais des stathouders, se dresse la Ridderzaal, ou salle des Chevaliers, curieux édifice du XIIIe siècle, flanqué de tourelles gothiques et précédé d'une fontaine moderne en fer forgé.
Phot. Koch-Rapho

cartable sur le porte-bagages du vélo, portent avec autant de naturel que les vieilles qui nettoient les vitres ou le pavé.

La terre ferme

Au sud des Pays-Bas, le Brabant-Septentrional est mieux accroché à la Belgique qu'aux autres provinces néerlandaises, depuis la grande inondation qui, en 1421, élargit démesurément le Hollandsch Diep, le bras méridional des Bouches de la Meuse. Bien fortifié (à Bergen op Zoom, à Bréda qui héberge l'Académie militaire dans le château des Orange-Nassau), le Brabant est catholique. La Grote Kerk (Grande Église) de Bréda n'est plus qu'un musée où l'on admire les magnifiques tombeaux des comtes de Nassau, notamment le mausolée d'Engelbrecht II, que certains attribuent à Michel-Ange, mais la « Douce Mère » de Bois-le-Duc ('s Hertogenbosch) trône, vêtue de velours et couronnée d'or, parmi des buissons de fleurs et de cierges, entre les vitrines d'ex-voto, dans la Sint Janskathedraal (cathédrale Saint-Jean), la magnifique église gothique que des diables, à califourchon sur les arcs-boutants, cherchent vainement à escalader. Dehors, sur la Parade (place d'Armes), on entend parler français et cela sent les frites.

Après les bruyères de la Campine, on aborde les contreforts des Ardennes. Des cyclistes en maillot rayé, penchés sur leur guidon, soufflent dans les montées : ils viennent de loin s'entraîner sur ces côtes. Le paysage change à vue d'œil. Plus de canaux, mais la Meuse, qui s'étire après le dur labeur fourni dans les usines liégeoises et reçoit les eaux fraîches et bondissantes de la Geul et de la Gulp. Des châteaux romantiques, souvent en ruine, se dressent sur les collines. Celui de Valkenburg drape de clématites les vestiges de ses vieux remparts. Les touristes seront aussi séduits par les sous-bois, par les cascades et par les grottes.

Comme l'indique son nom romain, *Trajectum ad Mosam*, Maastricht (ou Maëstricht) était à l'origine un gué de la Meuse. Elle devint

◄

Les solides murailles de brique du château de Muiden, datant du Moyen Âge, abritent maintenant un musée historique.
Phot. M.-L. Maylin

▲

La vaste pièce d'eau du Hofvijver baigne les édifices publics qui font de La Haye le centre administratif des Pays-Bas.
Phot. M. Levassort

les Pays-Bas

ensuite un pont, puis une citadelle dont il reste la farouche Helpoort (porte d'Enfer). La ville subit des assauts et des sièges, et elle attribue son salut aux reliques de saint Servais, pieusement conservées dans la Sint Servaaskerk, une des plus anciennes églises romanes du royaume. Louis XIV dota Maastricht d'un théâtre, le carnaval y est joyeux, et la bière est fraîche aux terrasses des cafés du Vrijthof, l'énorme place d'Armes.

Une des plus jolies routes que l'on puisse imaginer mène, à travers la Petite Suisse limbourgeoise, de Maastricht à la ville frontière de Vaals, point culminant de la Hollande avec 322 m d'altitude. Parmi de beaux arbres et des marchands de hot dogs, un promontoire triplement pavoisé permet de découvrir, en face, la Belgique et, à gauche, l'Allemagne où se profile la cathédrale d'Aix-la-Chapelle.

Ici, les Pays-Bas, si longtemps voués aux périls de la mer et aux séductions des aventures lointaines, s'ancrent solidement à l'Europe.

Les Pays-Bas
au présent

Aux voyageurs qui les parcourent, les Pays-Bas parlent volontiers de leur histoire. Leur vie quotidienne est aujourd'hui sans mystère. Les fenêtres n'ont pas de rideaux, on bricole ou on jardine avec simplicité, et ces protestants graves admettent sans rougir que l'on puisse succomber aux tentations du sexe ou de la drogue. Longtemps persécutés, ils se targuent d'une large tolérance.

En circulant à travers des paysages pimpants, toujours rincés de frais, qui semblent dessinés par un enfant disposant de beaux crayons de couleur, on se demande ce qui donne à ce pays, en somme assez pauvre en ressources naturelles, cet air de tranquille aisance. Bien sûr, il y a le gaz naturel, les vaches qui paissent jusqu'au pied des gratte-ciel et l'activité des grands ports (ayant vu un bateau hollandais, le tsar Pierre le Grand vint faire un stage à Zaandam pour étudier la construction mari-

▲
Lorsque l'hiver est rude, les canaux gelés offrent aux jeunes patineurs d'incomparables terrains de jeux.
Phot. Berretty-Rapho

▲
Pimpant, bariolé, un orgue de Barbarie égaie de ses ritournelles les rues de Groningue.
Phot. M. Levassort

time; depuis, les chantiers navals sont demeurés actifs). Mais quelles autres richesses donnent au florin sa stabilité ?

Peut-être faut-il chercher l'explication dans le caractère même du Néerlandais : par nécessité, puis par nature, il a toujours été un intrépide raisonnable. En plus d'un domaine, il est en avance sur son temps. Il a su s'adapter en fonction des menaces et des possibilités de chaque siècle. À Rotterdam, il écarte les dangers de la pollution sans nuire au commerce du complexe portuaire. Il se consacre aux industries propres : la taille du diamant, les produits alimentaires, l'électromécanique de précision, dont la capitale est Eindhoven : la société Philips y fabrique — entre autres — des lampes qui couvrent un cinquième des besoins mondiaux et y a édifié un véritable monument aux techniques nouvelles : l'Evoluon, qui ressemble — c'est tout indiqué — à une gigantesque soucoupe volante.

Ce modernisme délibéré s'affirme, dans tout le pays, par l'admirable réseau d'autoroutes. Sur un territoire restreint, où chaque pouce de terrain, durement conquis, est précieux, on a tracé sans lésiner des routes à multiples voies de circulation, souvent doublées d'une piste cyclable. Si la bicyclette est, pour le Néerlandais, un accessoire indispensable, si les statistiques indiquent que l'on approche des deux voitures par famille, les villes, grandes ou petites, réservent, en leur centre, des rues aux piétons. Des bancs, des tables pour pique-niquer, des fleurs à foison, de cocasses statues très figuratives alternant avec des formes abstraites de bronze ou de fer, des boutiques alléchantes y font retrouver le goût de la flânerie.

Un poulain s'ébrouant auprès de sa mère dans la boucle verte d'une bretelle d'autoroute, un bateau de tourisme se faufilant dans le tumulte du port de Rotterdam, une rosace gothique au vingtième étage d'un gratte-ciel, une blonde fille en sabots pédalant au milieu d'un vrombissant déferlement de camions et d'autos, voilà les images des Pays-Bas de tous les jours. Celles du passé, précieuses et aussi éloquentes, se trouvent dans les musées.

▲
Le dimanche, à la sortie de la messe, les costumes traditionnels sont nombreux dans les rues dallées de Volendam.
Phot. M. Levassort

Et puis
il y a les musées

D'une diversité qui éblouit et confond, fameux ou ignorés, installés dans des palais princiers ou étalés en plein air, vous attirant comme un aimant au centre des grandes villes ou vous entraînant au fond des landes et des bois, les musées néerlandais sont innombrables.

On voudrait les citer tous, car aucun n'est indifférent. Certes, tout le monde va voir défiler *la Ronde de Nuit* de Rembrandt au Rijksmuseum d'Amsterdam, admirer la secrète et lumineuse *Vue de Delft* de Vermeer au Mauritshuis de La Haye et saluer *les Régentes de l'hospice des vieilles femmes* au Frans Hals Museum de Haarlem. Pourquoi ne pas s'intéresser aussi, au passage, à la collection de pipes exposées dans une ancienne boutique de produits coloniaux de Gouda, au musée des Jouets anciens de Deventer ou au moulin-musée de Schermerhorn ? On peut même se passionner, en Gueldre, pour le musée de la Société de défrichement des bruyères.

▲
Femme lisant une lettre de Vermeer, un des chefs-d'œuvre qu'abrite le Rijksmuseum d'Amsterdam.
Phot. Rijksmuseum

Ces musées sont souvent installés dans des demeures anciennes, des donjons, des bastions, des hôtels de ville ou des hospices, ce qui permet de découvrir, en les visitant, l'architecture néerlandaise : gothique très fleuri (églises, hôtels de ville) ; Renaissance (pignons à redans, entablements, guirlandes) ; baroque hollandais (pilastres et frontons) ou style résolument moderne (verre et métal).

L'art hollandais, c'est, avant tout, la peinture. Le XVIIᵉ siècle est son âge d'or : Frans Hals, Rembrandt, Terborch, Jan Steen, Van Ostade, Pieter de Hooch, Vermeer. À cette époque, la Hollande a embrassé la religion réformée. Les peintres ne s'inspirent donc plus des deux Testaments, ni de la vie des saints, mais de l'existence quotidienne : groupes de notables ou de soldats, familles endimanchées, portraits, intérieurs pudiquement révélés, besognes domestiques, petits métiers, tabagies, scènes d'auberge ou de taverne, paysages. On retrouve chez tous les peintres, du plus tragique au plus familier, le même souci du détail, le même sentiment profond de l'humain, la même lumière vivante. Et puis, tout près de nous, il y a Van Gogh... ■ Suzanne CHANTAL

▶
Un canal, un pont fleuri, des maisons aux fenêtres encadrées de blanc, une bicyclette : Amsterdam est bien la capitale des Pays-Bas.
Phot. Pasquier-Rapho

la Belgique

Au carrefour des nations

Sur la carte, la Belgique apparaît comme un coin enfoncé entre les Pays-Bas, l'Allemagne et la France : triangle traversé par deux grands fleuves, la Meuse et l'Escaut, dont l'estuaire fait, depuis des siècles, la fortune du grand port d'Anvers. Situation privilégiée, sans doute, mais chèrement payée, car ce petit pays, s'il se trouvait sur la route des grands courants féconds d'échanges commerciaux et spirituels entre la Méditerranée et la mer du Nord, était aussi sur celle des invasions.

Son histoire n'est qu'un long combat, où s'affrontent les grandes puissances rivales. Les noms des villes et des villages — Fleurus ou Waterloo, Ypres ou Bastogne — sonnent pour les uns comme des victoires, pour les autres comme des défaites, mais, pour les Belges, ils évoquent toujours la guerre et son cortège de ruines, de deuils, de pillages ou, ce qui revient au même, d'occupation et de réquisitions.

La Belgique a été gauloise, romaine, franque, bourguignonne, espagnole, autrichienne, annexée par la France et par l'Allemagne, liée contre son gré aux Pays-Bas. À travers les épreuves d'un dramatique destin, elle a maintenu une vitalité vigoureuse, un optimisme vivace, le goût profond du travail et de la réussite.

Toutefois, ce territoire exigu (la plus grande distance, celle qui sépare Ostende d'Arlon, n'est que de 304 km), aux paysages sereins, à peine accidentés dans le massif des Ardennes, présente une énigme séculaire : celle d'un problème linguistique dont on n'a jamais tout à fait éclairci le mystère. Il semble que, aux premiers siècles de notre ère, la grande forêt hercynienne, dont il subsiste quelques vestiges, ait empêché les tribus venues de Germanie — les Francs dont sont issus les Flamands — de pénétrer au-delà d'une certaine ligne, frontière invisible et assez floue d'une région déjà profondément latinisée, dont les habitants — les Wallons — sont restés attachés à la langue et à la culture romaines.

Très différents de type ethnique et de tempérament, soudés par la région bruxelloise bilingue, Flamands et Wallons, unis par l'intérêt national, forment un complexe solide, assurant à leur pays une activité industrielle et une prospérité agricole qui leur valent un niveau de vie élevé. Cette aisance matérielle se double du prestige que confère au pays la

▲
Voie de communication traditionnelle des pays plats, le canal, frangé de peupliers et bordé de moulins, qui relie Bruges à la Zélande.
Phot. Loirat-C. D. Tétrel

Histoire
Quelques repères

Les premiers habitants de l'actuelle Belgique sont des Celtes. La conquête romaine leur impose la civilisation latine, développe l'agriculture et l'industrie (laine, fer, verrerie).

Après les invasions germaniques, les Francs dominent toute la Gaule.

Le partage de l'Empire carolingien favorise l'autorité des seigneurs féodaux et l'autonomie des villes marchandes au bord des fleuves. Par des chartes et des gildes de métier, Ypres, Bruges, Gand, Anvers, Malines, Louvain, Bruxelles, Tournai, Dinant, Namur imposent, parfois avec violence, leurs droits urbains et corporatifs.

Au XVᵉ siècle, par mariage et héritage, les ducs Valois de Bourgogne deviennent comtes de Flandre et assurent au comté une prospérité et un rayonnement considérables. En 1500 naît à Gand Charles Quint, à qui mariages et successions assurent non seulement la souveraineté sur tous les Pays-Bas, mais encore celle de l'Empire germanique. L'essor d'Anvers est accru par le commerce des épices, mais la pénétration des idées de la Réforme provoque l'institution de l'Inquisition. Une guerre religieuse sans merci dégénère en lutte politique. Les chefs catholiques du Sud (Egmont, Hornes) sont décapités. Dans le Nord, Guillaume le Taciturne organise la résistance.

Philippe II et ses lieutenants font régner la terreur. Anvers est ruinée. Bientôt la séparation est consommée entre les provinces du Nord, calvinistes (les actuels Pays-Bas), et celles du Sud, catholiques (la Belgique d'aujourd'hui). La Belgique devient le champ de bataille des guerres de Louis XIV. C'est le « siècle du malheur ». Le traité d'Utrecht (1713) la livre à l'Autriche. Libérée par les armées de la Révolution (Valmy et Jemmapes, 1792; Fleurus, 1794), elle est annexée par la Convention (1795). Après Watterloo (1815), le congrès de Vienne la rattache aux Pays-Bas. Une révolution (1830) lui donne enfin son indépendance et un roi : Léopold Iᵉʳ.

Deux fois envahie et occupée par l'Allemagne, en 1914 et en 1940, en dépit de sa neutralité, la Belgique a subi des ravages dont elle s'est vigoureusement et courageusement relevée.

▲
Charles Quint à vingt ans. (Buste en terre cuite de Conrad Meyt, musée Gruuthuse, Bruges.)
Phot. M. Levassort

---

présence de certaines des plus hautes instances internationales : C.E.E., O.T.A.N., Euratom, etc.

67 km de littoral, 150 km seulement de frontières naturelles... Perméable mais farouchement attachée à sa liberté, traditionnellement accueillante aux idées neuves et aux proscrits, la Belgique occupe, sur l'échiquier européen, un espace étroit et disputé, où, par la lutte ouverte ou par la négociation, s'est souvent décidé le sens de l'histoire.

En hiver, les villes

Certains pays attirent par leur climat. On y va chercher le soleil, dût-il avoir dévoré les jours et desséché le sol sans que le passé y laisse sa trace. En Belgique, il pleut souvent. Une bruine légère nimbe le « plat pays », ou bien la « drache » (averse roide et brève qui ricoche sur les gros pavés) rince les trottoirs et fait luire l'ardoise des toits.

C'est peut-être à ce climat que la Belgique doit une partie de son charme, à la fois discret et profond, le confort de ses belles demeures aux vitres claires, la chaleur de son accueil, la qualité de ses monuments et l'empreinte indélébile d'une longue histoire.

S'il reste, sur l'étroit territoire du royaume, des étendues encore sauvages (les landes de la Campine ou les profondes forêts de l'Ardenne), l'impression générale est que les villes se rejoignent sans interruption, leurs faubourgs se confondant, la route n'étant plus qu'une longue rue débouchant soudain sur une grand-place où un beffroi, une église, un hôtel de ville pose son noble jalon.

En fait, 5,4 p. 100 seulement de la dense population belge sont réellement ruraux, dans les plaines céréalières ou d'élevage. En revanche, les villes foisonnent sans renoncer à leurs jardinets où l'on cultive le groseillier et le cerfeuil, à leurs fenêtres ornées de calcéolaires, à leurs serres à raisin et à azalées.

Dans ce pays séduisant en toute saison, peut-être faut-il réserver l'hiver à la découverte des cités, qui, la nuit tôt venue, s'illuminent comme une fête foraine : lumières des brasseries et des vitrines, néons multicolores chatoyant sur les façades du Meir anversois ou de la place de Brouckère à Bruxelles, mais aussi éclairages dorés, caressants, nimbant les vieilles pierres du château des Comtes à Gand ou du palais de Gruuthuse à Bruges.

D'emblée, on trouve le cœur des grandes villes belges : à Bruxelles, la grandiose et délicate Grand-Place, d'une préciosité d'enluminure dont on ne se lasse pas de détailler la richesse, les ors, les festons, les allégories ; à Gand, la « cuve », qui dispose, avec une précision de géomètre, la perspective inoubliable de ses quais, de ses clochers et de son beffroi ; à Bruges, la haute tour, qui sonna les heures de gloire et de faste du duc de Bourgogne, enfonce son pieu solide au centre de l'entrelacs des ruelles et des canaux de la cité de la dentelle ;

▶
Sur la Grand-Place de Bruxelles, cœur de la vieille ville, les façades baroques des maisons des Corporations rivalisent d'opulence.
Phot. M. Levassort

à Anvers, la cathédrale, qui domine la ville et le fleuve, rendant dérisoire le premier gratte-ciel d'Europe, dont la « métropole » fut pourtant si fière ; à Liège, le palais des Princes-Évêques, qui ouvre ses cours silencieuses dans le tumulte de la « cité ardente ».

D'emblée aussi, on prend le pouls des villes. La première impression est la bonne et, en pénétrant plus avant l'intimité et les secrets de chacune, on verra se confirmer un particularisme tenace. Il peut évidemment surprendre dans un pays où les distances sont si courtes et si aisément franchies, mais il s'explique assez facilement par le passé turbulent, dramatique, écartelé de ce carrefour de l'histoire.

Une capitale bien titrée

Bruxelles est une grande dame : elle a conservé sa robe de cour. Sa place Royale a une élégance un peu guindée, et les arts y tiennent le haut du pavé : le mont des Arts. Ne lui reprochez pas le gigantisme désastreux de son palais de justice et de sa basilique du Sacré-Cœur : elle s'en excuse d'un sourire, en les surnommant le « mammouth » et le « presse-papier ». Elle s'en est rachetée en n'hésitant pas à bouleverser son centre pour le moderniser, le rendre digne de la « capitale de l'Europe » (elle aime bien les titres, et celui-là la flatte particulièrement). Ses grandes avenues, entièrement rénovées, souvent hardies mais harmonieuses, en font l'une des réalisations les plus séduisantes de l'urbanisme d'aujourd'hui.

▲
Majestueux témoignage de l'architecture civile gothique, l'hôtel de ville de Bruxelles est le plus bel ornement de la Grand-Place.
Phot. Loirat-C. D. Tétrel

▲
Puissances économiques du Moyen Âge, les Corpora-
tions ont bâti sur la Grand-Place d'Anvers ce que l'on
appellerait aujourd'hui leurs « sièges sociaux ».
Phot. Loirat-C. D. Tétrel

Bruxelles a l'attrait supplémentaire de la forêt de Soignes, avec ses feuillages arachnéens et ses profondeurs vertes de fougères et de mousses, qui donnèrent jadis asile à la touchante Geneviève de Brabant et où les biches vont encore boire dans les étangs. Elle a enfin l'allégresse gourmande de ses rues, qui ont gardé leurs savoureux noms d'autrefois (rue Chair-et-Pain, de la Montagne, aux Herbes-Potagères...). Elles sentent la frite ou la gaufre ; on y engloutit, en un week-end, jusqu'à deux tonnes de moules, et la bière y ruisselle. La ville fit jadis la fortune de ces « maîtres cambiers » qui possèdent l'une des plus belles maisons de la Grand-Place et qui aiment rappeler, dans les festins de leur noble ordre des chevaliers du Fourquet, que Gambrinus était, en fait, le premier duc de Brabant, soldat paillard et grand buveur de cervoise.

À Anvers, l'Escaut fait s'engouffrer un grand vent marin, qui attire vers le port et retient dans les recoins et détours du vieux Steen (musée national de Marine), où se lit toute l'histoire de la mer. On y trouve un drakkar viking, une caraque à trois mâts du Moyen Âge et la galère dorée, ornée de quatre anges portant la couronne impériale, dans laquelle Napoléon fit son entrée à Anvers en 1810. On y admire des tatouages et des cannes et vertèbres de requins. On y apprend que tuer un albatros porte malheur, comme de rencontrer successivement « une femme, un chat, une nonne et un curé ».

Si l'on s'éloigne des quais, des bassins, de l'estuaire fiévreux, Rubens vous prend par la main pour vous guider dans sa promenade, qui passe par des rues, des places, des églises qui n'ont pas changé depuis son temps. On salue, dans la cathédrale Notre-Dame, sa bouleversante *Descente de croix,* l'abandon du corps froid du Crucifié dans les plis du linceul, la chair vivante et blonde de Madeleine, et la Vierge si pâle ! Rubens, enfin, vous ouvre les portes de sa maison, les enfilades des jardins et des salles tendues de cuir doré de Cordoue : Hélène Fourment, en toque de velours, un brin de muguet au revers, fait pénétrer dans le savant désordre de l'atelier où se pressaient les nobles à larges feutres, les dames à manchon d'hermine et le roi de Pologne avec les archiducs. On respire partout la richesse la plus opulente, mais aussi la réussite méritée, le talent, le bonheur.

À Gand, devant l'*Agneau mystique* de Van Eyck (cathédrale Saint-Bavon), l'admiration se fait plus grave : Dieu le père abaisse sur vous son regard, les anges chantent en s'accompagnant au clavecin, mille fleurs — chacune a son symbole — se pressent avec des lapins et des oiseaux au pied de l'autel de l'Agneau. Fleurs précieuses des tableaux flamands, en somptueuses corbeilles chez Snyders et Bruegel de Velours, ou solitaires aux doigts des damoiseaux, des infantes ; fleurs primées des féeriques Floralies gantoises ; fleurs offertes à foison, épanouies, emperlées de rosée, sur les trottoirs de la vaste place du Kouter.

Le secret des dentelles

On ne décrit pas Bruges. Il faut baigner dans son silence retrouvé à chaque pas, au bord d'un

canal, dans la courette d'une « maison-Dieu », sous les tilleuls du béguinage, dans le jardin d'herbes de l'hospice. Il faut vivre sa vie rythmée par le carillon du beffroi, découvrir la « braderie » populaire ou, perdu dans un faubourg, le « centre » où l'on conserve le secret des dentelles qu'on voit au cou des vierges de Memling, des arquebusiers de Frans Hals, et dont les confiseurs brugeois imitent, en pâte sucrée, les savantes arabesques.

N'oublions pas Tournai, qui vit naître Clovis et mourir Childéric, et dont les trésors furent engloutis en quelques heures par les bombes en 1940 ; elles épargnèrent par miracle sa cathédrale aux cinq clochers, une des merveilles de l'art roman. Ni Malines, où vécut Marguerite d'Autriche, gouvernante des Pays-Bas, et dont la quiétude des rues provinciales n'est troublée que par les gammes qui s'échappent de l'École des carillonneurs.

À Louvain, les étudiants ne portent plus, comme naguère, leur casquette cocasse, ni leur calotte bordée d'astrakan et festonnée de médailles. Aujourd'hui, tous parlent flamand : les Wallons ont déserté la vieille cité universitaire et son hôtel de ville ciselé comme un tabernacle, dont les centaines de statues leur rappelaient la turbulente histoire d'une ville maintes fois éprouvée ou détruite, mais renaissant toujours de ses ruines. Cette fois, cependant, il semble que la nouvelle agglomération de Louvain-la-Neuve, qui, près de Wavre, jaillit, vivace, de son immense chantier, doive porter sérieusement ombrage à la ville qui ne veut plus s'appeler que Leuven. Agressivement wallone par le nom de ses rues, par ses journaux, par ses refrains, elle abrite la nouvelle université, qui se targue d'enregistrer, chaque année, plus d'inscriptions que l'ancienne. La guerre des deux Belgique se déroule ici à coups de diplômes.

Liège — qui resta neutre pendant les guerres de Religion et, de ce fait, prospéra en fournissant des armes aux catholiques et aux réformés — est, dans ce tournoi linguistique, la championne du camp wallon. Le musée de l'Art wallon y côtoie celui de la Vie wallonne, où sont pieusement conservés les plus humbles témoins d'une culture très ancienne, à la fois des plus nobles (Charlemagne serait né à Jupille) et des plus quotidiennes. On y découvre le petit peuple des mineurs, qui a fait le succès du théâtre de marionnettes et du fameux Tchantchès, le Guignol liégeois.

« L'eau et la houille ont fait Liège », dit-on. Pour tirer parti de ses mines, découvertes dès le XIIIe siècle par un forgeron, la Meuse est asservie, ses eaux sont souillées par les scories et les vidanges des usines : aciéries d'Ougrée, fonderies de Seraing, cimenteries, houillères. Mais la ville respire la gaieté, un goût presque insolent de la liberté, qui suscita dans le passé bien des difficultés à ses ducs et à ses princes-évêques. Aimée par Charles Quint, Barberousse, Napoléon, Liège a donné à la langue française, qu'elle défend ardemment, l'un de ses romanciers les plus féconds : c'est à Simenon qu'il faut se fier pour découvrir,

au-delà des ponts, l'outre-Meuse qui l'a vu naître et dont il a chanté les processions, les Vierges en robe de soie dans les niches vitrées des «Potales», les rues chaudes et l'église Saint-Pholien.

Au printemps, les fêtes folkloriques

Il peut sembler surprenant que le Belge, établi sur un territoire constamment disputé, témoin de tant de batailles, victime de tant de pillages, de persécutions, d'invasions et de représailles, longtemps opprimé par des souverains étrangers et finalement tiraillé par une querelle linguistique âpre et apparemment insoluble, conserve un optimisme solide et le goût très vif des fêtes et réjouissances diverses.

Point n'est besoin d'évoquer le souvenir de Rubens ou de Van Dyck, vivant dans des palais où, pour recevoir les grands de ce monde, ils entretenaient une domesticité nombreuse et des musiciens à demeure. Quiconque connaît la Belgique sait qu'on a plaisir à offrir un cigare ou une jatte de café, parce que les Belges donnent tout leur prix aux menues joies de vivre. Voyez le sourire heureux des fumeurs de Brouwer, des buveurs des Teniers et celui, si tendre, des Madones dont l'Enfant brandit une pomme ou la cuillère de sa soupe au lait. La joie quotidienne et, plus encore, la liesse que commandent une fête de famille, un souvenir glorieux, une commémoration quelconque, on aime à les partager. Dans toute la Belgique, riches cités et petits villages ont leur ducasse, leurs traditions, leurs festivités en l'honneur d'un saint patron ou, parfois, d'un héros païen, et ils y convient les étrangers, les voisins, les parents à la ronde. Longtemps, ces kermesses villageoises se suffirent à elles-mêmes, avec la fanfare locale, le carrousel et le bal devant l'église, le «dîner de l'oie» que les tireurs à l'arc avaient descendue de son mât.

En Flandres, où l'on est mystique, ardent, grave, et où l'on a le sens du tragique, les processions sont spectaculaires (celle du Saint Sang de Bruges) ou très espagnoles (les pénitents de Furnes).

Dans l'Entre-Sambre-et-Meuse, en souvenir du temps où les brigands surgissaient dans la lande ou au coin de la rue pour voler les précieux objets du culte, des soldats affublés d'uniformes disparates font escorte au saint sacrement à grand vacarme de cuivres et bruyantes pétarades de vieilles escopettes.

Des «Gilles» de Binche aux pinsons chanteurs

En pays wallon, bon vivant, bruyant, gaillard, on se déplace de loin pour assister, à Mons, au combat du Lumeçon, ou, à Stavelot, au défilé des Blancs-Moussis. On aime la mascarade et la frairie (fête populaire) à en

▲
Bruges : l'imposante tour de brique de l'église Notre-Dame domine de 122 m la Walplaats, d'allure bien paisible.
Phot. Loirat-C. D. Tétrel

▶
Depuis le XVIIe s., les rues de Furnes voient défiler chaque année, le dernier dimanche de juillet, la curieuse procession des Pénitents.
Phot. Moss-Colorific

perdre le souffle. Les «Chinels» de Fosse-la-Ville sautillent jusqu'à l'épuisement, comme les superbes «Gilles» de Binche, couronnés d'immenses coiffures de plumes d'autruche blanches. La légende veut que ces derniers rappellent un bal donné en son château du Hainaut par Marie de Hongrie à l'occasion de la découverte du Pérou. Travestis en princes incas, les danseurs auraient jeté l'or à poignée. Les ducats se sont transformés en oranges, mais le cérémonial est demeuré, enrichi encore au cours des années, comme le bizarre costume et la ravissante «carole» du XVIᵉ siècle qui fait danser la ville entière pendant des heures.

L'ennuyeux empereur Joseph II, ayant décidé, dans son palais de Vienne, d'ouvrir ses provinces au «siècle des lumières», exaspéra les Belges en s'attaquant aux couvents et aux kermesses, ce qui heurta à la fois la dévotion et la saine gaieté populaires. Comment les éleveurs brabançons d'Anderlecht auraient-ils honoré leur patron, saint Guidon? Sans les Géants et l'Ommegang, qui défila pour la première fois devant Charles Quint, comment les patriotes auraient-ils célébré leurs héros, les Quatre Fils Aymon ou Godefroi de Bouillon?

Les fêtes religieuses se firent profanes, et il s'y mêla parfois de la paillardise, de la dérision ou un joyeux défi. À Grammont, le premier dimanche de carême, les notables vident un hanap plein de vin où frétillent des alevins vivants. À Ypres, pour rappeler le zèle des premiers chrétiens renonçant à une déesse franque incarnée sous la forme d'un chat, on précipite de malheureux félins du haut du beffroi (ils sont maintenant en peluche). En fouillant bien ses archives, et avec le légitime souci de mêler le profit à l'hospitalité, il n'est pas de région, flamande ou wallonne, qui ne puisse dénicher une tradition à ressusciter, avec orphéons, guirlandes et ripailles. Au besoin, on invente ou on se rabat, sans fausse honte, sur la fête de la Bière (à Wieze), avec pipe-line inépuisable, ou l'attraction foraine. Ce qui importe, c'est de bien manger, de bien boire, d'être ensemble, d'«avoir bon» et de chanter. Car n'oublions pas que, si les Belges sont doués pour la peinture, ils sont également musiciens.

Citer César Franck et André Grétry, rappeler que les Belges ont inventé la polyphonie et le saxophone ne suffisent pas : le mineur du Borinage élève son pinson chanteur, chaque bourg a sa chorale ou son orchestre.

Le Musée instrumental, à Bruxelles, réunit une merveilleuse collection d'instruments anciens : théorbes, violes d'amour, épinettes peintes à la Watteau. À la porte, dans une cour envahie par les potiers et les antiquaires, un joueur de cithare joue plus pour son plaisir que pour une obole, et sa grêle chanson fait écho aux menuets qu'égrènent, chez les brocanteurs du Petit-Sablon, les boîtes à musique incrustées de nacre qui font danser de précieuses et fragiles marquises de biscuit.

En été, le pays des eaux vives

Pendant la Première Guerre mondiale, la Belgique, envahie par les Allemands en dépit de sa neutralité, parvint à conserver un lambeau de son territoire, près d'Ypres, en provoquant délibérément une inondation par l'ouverture des ponts-écluses. C'est de là qu'Albert Iᵉʳ, le roi-chevalier, soutint quatre années durant, la lutte aux côtés des Alliés. Moins exposée que les Pays-Bas aux assauts de la mer du Nord, la Belgique est cependant vulnérable. C'est un raz de marée qui ouvrit l'estuaire du Zwin, fit de Damme un grand port et donna la fortune à Bruges, jusqu'à ce que l'ensablement les ruinât toutes deux.

Le littoral belge est la frange du plat pays, couvert de landes marécageuses et d'oseraies, que le tenace labeur flamand a drainé, défriché, cultivé. Un ourlet de dunes, maintenues d'abord par des oyats bien agrippés au sable, des arbousiers griffus, a longtemps bordé une plage interminable, riche en crevettes charnues que les enfants pourchassaient dans les «bâches» d'eau limpide laissées par les marées. Peu à peu, entre La Panne et Knokke-Le Zoute, autour d'Ostende et de son casino, les villas se sont multipliées. Les hôtels alternent maintenant avec les terrains de camping; des golfs, des piscines, un institut de thalassothérapie s'abritent dans les sous-bois.

▲
Vedettes du carnaval de Binche, les Gilles, ceinturés de clochettes et couronnés de plumes d'autruche, dansent et distribuent des oranges.
Phot. Dupont-Explorer

▶
Le petit pont en dos d'âne de Saint-Boniface enjambe l'un des nombreux canaux auxquels Bruges doit son surnom de «Venise du Nord».
Phot. Loirat-C. D. Tétrel

de Hotton, de Rochefort. À Han, on parcourt 3 km de galeries, on descend et on remonte 636 marches, à travers une forêt de colonnes, sous des draperies jaspées. Dans une nef de cathédrale clapote un lac-miroir. Les stalactites ruissellent, les stalagmites se hérissent, les voûtes se haussent ou s'écrasent, les gouffres s'ouvrent, enjambés par des passerelles de fer. On découvre des formes curieuses où l'on croit voir des orgues, la tête de Socrate ou une hure de sanglier, la délicatesse d'une tulipe ou la tiare de saint Pierre. Lorsqu'on émerge enfin de ce royaume souterrain, la campagne alentour est tiède, les prairies sont herbues ; de vertes stations de vacances s'échelonnent sur le parcours d'un petit train touristique, et, soudain, on a la surprise de voir s'épanouir à l'horizon le radar de la station de télécommunications spatiales de Lessive, qui, par l'intermédiaire d'un satellite artificiel, achemine un important trafic téléphonique et télégraphique avec les autres continents.

Par les belles journées d'été, on a vite fait le tour de la Belgique, même en s'arrêtant en cours de route pour visiter un ravissant château aperçu au milieu de son parc ou de ses bassins : Annevoie et ses parterres bordés de buis ; Ooidonck et ses héronnières ; Chimay, juché sur son rocher, dont le théâtre, construit par la belle Mme Tallien, vit passer Cherubini, Auber et la Malibran ; Rœulx, dont Le Nôtre dessina les jardins ; Belœil, où l'on retrouve le souvenir du prince de Ligne, l'homme le plus spirituel de son temps, qui en 1815, prétendait mourir pour donner au congrès de Vienne « le beau spectacle de l'enterrement d'un maréchal ».

Plus intime et plus émouvante est la découverte que l'on fera, dans le remarquable musée de plein air que constitue le parc du domaine de Bokrijk, près d'Hasselt, d'une des régions les moins connues de la Belgique : la Campine, entre l'Escaut et le canal Albert. Sapinières, landes maigres où paissent des moutons, lointains que l'épaisseur des bruyères ourle de violet, c'est une région mélancolique et nue, où l'air est si pur et le ciel si doux que l'on y soigne sans autre traitement les maladies nerveuses. L'église de pierre du XVIe siècle, le moulin, la forge, la bergerie qui sent le suint, la

grosse ferme aux murs couleur de crème, avec, devant l'âtre, le rouet de l'aïeule et la corbeille plate où l'on sèche le nouveau-né glapissant, permettent, le temps d'une promenade, de retrouver le reflet d'un passé qui paraît, ici, être encore tout vibrant de vie.

L'automne en Ardenne

À partir de la mi-septembre, l'automne allume la torche des frondaisons caduques (hêtres, châtaigniers, chênes), qui va flamboyer parmi l'austérité sombre des conifères. C'est la belle saison de l'Ardenne. La bruyère commence à s'émietter dans les clairières, les noisettes sont mûres. Partout voltigent, aériennes, portées par leur aigrette, les semences des épilobes qui, au printemps prochain, fleuriront les sous-bois. Dans le parc à gibier de Han-sur-Lesse, où les « safaris-cars » zébrés se font plus rares, les sangliers se gorgent de glands, les mouflons s'enhardissent à quitter les taillis, les tarpans galopent, les bouquetins apparaissent sur les crêtes de roc qu'embrument les matins et les crépuscules humides.

Mais, à Saint-Hubert, les cors ont sonné la messe qui prélude à la grande saison de la chasse. On a béni les meutes. Un cortège s'est déroulé, retraçant la légende de ce chasseur qui, ayant poursuivi un cerf à travers la forêt, vit une croix de lumière s'allumer entre les andouillers de l'animal et se convertit si bien qu'il devint évêque de Liège. Le cerf miraculeux se dresse à l'entrée du chœur de la basilique gothique élevée en l'honneur du saint. On peut s'étonner que saint Hubert, qui avait fait vœu de ne plus tuer aucune créature de Dieu, soit devenu le patron des chasseurs, et que l'Ardenne, qui protège pieusement, dans ses « réserves », les espèces menacées, retentisse, dès la fin de l'été, de coups de feu, d'aboiements de chiens, de sonneries de trompes et d'hallalis.

Pour qui aime la chasse, l'Ardenne, avec ses fourrés, ses pâtis et ses étangs vivifiés par le caprice d'un ruisseau babillard, est un paradis où l'on débusque encore le gros gibier. Les affûts au pluvier doré ou à la sarcelle sont passionnants, et l'on y traque, à grand renfort de chiens jappant et fouillant fougères et ronciers, le lièvre et la perdrix. Des lois très strictes réglementent toutes les variétés de chasses afin de protéger la sauvagine, qui se raréfie du fait de l'enrésinement progressif de la forêt. Sous les branches roides, où couve la pénétrante senteur de la sève coulant en larmes épaisses le long des écorces scarifiées, rien ne pousse à travers le craquant tapis d'aiguilles répandues en couche épaisse sur le sol.

Si la Belgique n'a que 67 km de littoral, elle dispose de quelque 1 500 km de cours d'eau navigables sur lesquels on peut faire des croisières. Canaux, fleuves et rivières sont toujours escortés de bonnes routes, permettant de visiter, sur une rive ou sur l'autre, une citadelle comme à Namur, à Dinant ou à Huy, une abbaye comme à Maredsous, un château fort comme à Bouillon. Les méandres capricieux des rivières ardennaises se descendent en kayak, tandis que l'on erre lentement sur la Lys, parmi les paysages emperlés de brume chantés par Verhaeren et Brel.

Aux cardiaques et aux anémiés, Spa offre ses eaux, qui passaient autrefois pour contenir de l'or et ont soulagé Pierre le Grand, Mme de Lamballe et Victor Hugo. Les tables de jeu du casino et les courses automobiles de Francorchamps apportent un puissant dérivatif à la routine un peu monotone de la cure.

Un fantastique univers souterrain

Les vallées mosanes ont chacune leur légende, leur secret. Les rivières bouillonnent, s'éparpillent, disparaissent pour rejaillir un peu plus loin. Certaines mettent jusqu'à quatorze heures pour franchir, sous terre, quelques centaines de mètres, mais elles ont créé dans les profondeurs du sol, par un lent travail de cristallisation et de fouissage, un univers fantastique. Ce sont les grottes de Remouchamps,

▲
Le gros donjon carré du château féodal de Laarne, près de Gand, est flanqué de tourelles polygonales, coiffées de pierre et bardées de contreforts.
Phot. Loirat-C. D. Tétrel

◄
Bien flamand avec ses pignons à gradins, l'hôtel de ville gothique de Damme est doté d'un porche surélevé, auquel on accède par un double escalier.
Phot. Loirat-C. D. Tétrel

►
Les frondaisons serrées de la forêt d'Ardenne couvrent d'un épais manteau la sinueuse vallée de la Semois.
Phot. Saint-Servan-Explorer

Disparus les savoureux champignons, les mûres fondantes et les fils de la Vierge tendus entre les branches, la mousse épaisse autour des troncs abattus et le furtif froissement, au passage d'une belette, d'un buisson d'églantier ; mais les écureuils continuent de traverser la route, si capricieuse que, la nuit venue, des bornes lumineuses en signalent les virages.

Le décor du « Songe d'une nuit d'été »

Des peupliers d'Italie montent la garde, encadrant de leurs troncs blancs d'immenses lointains bleutés. Au long de la Semois, le tabac pendu frissonne dans le courant d'air des hangars de séchage. Parfois, comme à Chassepierre, la route domine un village disposé comme pour illustrer une leçon de choses : le manoir, l'église, les maisons, le ruisseau, le moulin. Parfois, on vient buter contre les glacis et les murailles d'un château. Celui de Bouillon, fortifié par Vauban, conserve un fauteuil où viennent s'asseoir les femmes stériles. D'autres, moins fameux, retiennent au passage par une légende, un fantôme (Vêves, Durbuy, Reinardstein).

C'est la forêt d'Ardenne que Shakespeare avait choisie pour cadre de son *Songe d'une nuit d'été,* y promenant des lions et des gnomes, suspendant aux arbres des lettres d'amour. On assure que des fées dansent encore sur l'herbe des clairières, que des nutons, esprits de la rivière, voltigent toujours parmi les cressons. Les fontaines ont chacune une vertu magique.

En Ardenne, où Voltaire venait jadis se reposer auprès de la ravissante marquise du Pont d'Oye, les profondeurs forestières offrent au voyageur la bonne étape d'un vieux prieuré ou d'un ancien moulin, devenus hôtels de luxe sans rien perdre de leur dignité ou de leur charme, et la moindre auberge a sa recette de venaison ou d'omelette.

Quiconque souhaite « faire retraite de silence dans la solitude et l'amitié » ira frapper à l'hôtellerie des moines d'Orval. On y accordait jadis aux passants une hospitalité gratuite de

trois jours. La puissante abbaye cistercienne, protégée et dotée par les plus riches seigneurs, fut rasée en 1637. Reconstruite, elle devint, au XVIIIᵉ siècle, un centre rayonnant de culture et de charité. En 1793, les troupes révolutionnaires du général Loison la pillèrent et y mirent le feu. Les moines dispersés ou emprisonnés, elle brûla pendant six semaines.

La broussaille avait envahi les ruines, crevant la rosace à six lobes de l'église, rongeant les colonnes du cloître. En 1926, un moine inspiré réunit les fonds pour entreprendre, dans les conditions les plus précaires, la restauration de l'abbaye. Il y fut aidé par le zèle ardent et la ténacité de religieux en qui survivait la foi des bâtisseurs d'autrefois. Les décombres vénérables ont été déblayés, consolidés, et un vaste complexe religieux (monastère, basilique, ateliers, hôtellerie pour retraitants) s'élève à côté. Vivant en autarcie presque complète, les moines vendent du fromage, une bière savoureuse, de la verrerie, des albums, et accueillent ceux qui veulent partager leurs prières et leur méditation.

Telle est l'Ardenne, la plus attachante peut-être des provinces belges, de la solitude des fagnes (marais), où hier encore les voyageurs se perdaient dans la brume, à l'animation des villages qui fleurent le lait frais, le tabac et la rosée, dans l'écrin de sa forêt magique où l'on s'attend à voir surgir, croix au front, le cerf du miracle, ou Puck le lutin, en quête de la fleur dont le suc rend aveugle d'amour.

Beffrois, musées
et chefs-d'œuvre culinaires

Quelle que soit la saison, il n'est pas de jour où l'on n'ait envie d'apprendre quelque chose, d'admirer un bel objet, de s'asseoir à une bonne table. Joies de l'esprit, de l'œil ou de la gueule, la Belgique les dispense à mains pleines, avec tant de largesse qu'on ne quitte un clocher que pour voir surgir un beffroi, et que peintres, ciseleurs, orfèvres, batteurs de cuivre, jardiniers et cuisiniers se relaient pour vous inciter à prolonger les étapes.

Les villes flamandes racontent leur tumultueuse histoire dans la pierre des halles et des beffrois, dans la soie brodée des bannières de corporation. À Gand, les tours et les murailles du château des Comtes évoquent davantage les luttes farouches du Moyen Âge que les banquets des chevaliers de la Toison d'or, tandis que, sous la haute voûte carénée de la grande salle des malades de la Byloque, les drapeaux des puissantes gildes (tisserands, drapiers, bateliers, bouchers) hissent le grand pavois des premières libertés municipales. La charte de la ville repose, depuis des siècles, dans un coffre à multiples serrures, au rez-de-chaussée de l'immense beffroi, sous la garde d'un homme d'armes en pierre.

À Bruges, c'est à l'hôpital Saint-Jean que l'on va retrouver le doux Memling. On y voit la

chambre nue où il peignit sainte Catherine, somptueusement vêtue de brocart d'or, recevant l'anneau mystique. Faut-il croire la légende qui veut que, blessé, le jeune Allemand fut amené à l'hospice et soigné par une nonne dont il devint amoureux ? C'est celle-ci qu'il aurait représentée à la tête des onze mille vierges, sur les panneaux de la précieuse châsse

Jadis capitale d'un minuscule État souverain, la petite ville de Bouillon est dominée par les vestiges encore imposants d'une puissante forteresse.
Phot. M. Levassort

Maisons du XVIᵉ s., église gothique Sainte-Walburge, beffroi couronné d'un bulbe baroque et palais de justice Renaissance : le Grote Markt (Grand-Place) de Furnes.
Phot. Loirat-C. D. Tétrel

de sainte Ursule, qui est un des trésors de l'art sacré. Dans les salles aux hautes poutres, au sol de brique, on voit encore les lits-alcôves où gisaient malades et vieillards, réconfortés par les pieuses exhortations des religieuses et les soins des docteurs en habit noir et chapeau plat, maniant des instruments barbares : forceps d'étain, seringues à clystère et bistouris.

À deux pas de là, c'est le divin silence des cours du palais de Gruuthuse, l'embarcadère fleuri de géraniums, la dignité grave des belles demeures brugeoises, alignées le long des canaux avec leurs fenêtres aux vitres couleur de topaze ou de violette.

On dit qu'à chaque bout de l'an, au douzième coup de minuit, les lions qui ornent le pont de Gruuthuse se soulèvent et tournent la tête pour voir si quelque chose a changé dans la ville, puis se rendorment, tranquillisés. Pourtant, Bruges s'est transformée. Longtemps engourdie, laissant se troubler l'haleine de ses canaux et se délabrer ses vieilles façades, elle s'est enfin ressaisie. Le prince susceptible de réveiller « la Belle au bois dormant » qu'est une très vieille ville, c'est un conseil municipal avisé et fervent. Celui de Bruges a assuré la restauration en profondeur non seulement des monuments et des maisons nobles, mais aussi des ruelles, des échoppes et de ces maisons-Dieu où les vieillards finissent paisiblement leurs jours, petites sœurs des béguinages qui, au temps des croisades, accueillaient, sans leur imposer de vœux définitifs, les épouses et les filles des seigneurs partis pour la Terre sainte.

Refuge, pendant des siècles, de femmes pieuses qui soignaient les malades et éduquaient les orphelins, les béguinages de Belgique gardent un charme prenant. Celui de Bruges se reflète dans le lac d'Amour, où des cygnes glissent entre la retombée des saules. Celui de Gand a résisté aux invasions, aux mutineries, aux guerres civiles. Le plus émouvant est sans doute celui de Courtrai, à l'ombre de la belle église Saint-Martin. Dans les rues à gros pavés, où ne se hâtent plus les béguines à « faille » blanche, rosaire à la ceinture, flottent encore des senteurs d'héliotrope et d'encens.

Visite à la maison Plantin

À Anvers, quand on a visité le port et rendu hommage à Rubens, on ne saurait mieux faire qu'aller, comme l'artiste en avait coutume, jusqu'à la maison Plantin.

Christophe Plantin était Tourangeau. Né pauvre, il avait appris, patiemment, le métier de relieur, puis d'imprimeur, et s'était établi à Anvers, alors peuplée de financiers, de marchands et de diamantaires. Riches et puissants, très avisés dans leur négoce, ceux-ci étaient

Gand : derrière la moyenâgeuse halle aux draps, la tour de la cathédrale Saint-Bavon, qu'un incendie priva de sa flèche, au début du XVIIᵉ s., sans détruire son harmonie architecturale.
Phot. Loirat-C. D. Tétrel

Gand, le quai aux Herbes, fleuri de géraniums rouges : les belles façades des édifices corporatifs se mirent dans les eaux calmes de la Lys.
Phot. Loirat-C. D. Tétrel

cependant assez préoccupés d'art et des choses de l'esprit pour faire la fortune du *Compas d'or*, où Plantin, puis ses fils éditaient des ouvrages très érudits, telle la célèbre *Bible polyglotte*, imprimée en syriaque, en hébreu, en grec et en latin. Rubens ne dédaignait pas de tirer lui-même, chez son ami, des gravures de ses œuvres. Restés, des siècles durant, dans la famille Plantin-Moretus, la demeure et les ateliers d'imprimerie permettent un authentique

pèlerinage dans le XVIIe siècle flamand, féru d'humanisme et de beauté.

Les anciennes presses sont encore en place et en ordre de marche, avec, dans leurs casses, les caractères que Plantin faisait parfois venir de Paris, parce qu'il les voulait parfaits. Il exposait ses épreuves à la porte de son officine, offrant une prime à qui y découvrirait une erreur. On retrouve là le goût du travail bien fait, la dignité du bon artisan, la solidité d'une tradition qui a maintenu intacte cette « maison commode, propre et belle » sous ses draperies de lierre.

À Anderlecht, c'est Érasme qui fait les honneurs de sa maison. Il résida à Amsterdam et à Bâle, mais c'est là, tout près de Bruxelles, qu'il vint se reposer, en pleine gloire, de ses errances à travers l'Angleterre et l'Italie, de ses travaux, de ses querelles avec Luther, qui lui reprochait sa tiédeur religieuse. Érasme, s'il fit *l'Éloge de la folie,* était, en fait, assez prudent pour ne pas se mêler de problèmes qui pouvaient lui faire perdre la faveur de Charles Quint et sa confortable pension. À Anderlecht, on le voit recevant, en pelisse fourrée, les hommages de ses disciples, tel que l'ont peint Quinten Matsys et Holbein, tel que l'a gravé Dürer. Dans son cabinet de travail, près de la haute cheminée de céramique, voilà son pupitre et son écritoire, le flambeau, le sablier et, dans des vitrines, les innombrables éditions de ses ouvrages, à Paris, Londres, Bâle, Bratislava, Nuremberg, Genève, Cologne. Sous les arcades du jardin fleuri de roses, des dames font du tricot, sans un regard pour les sculptures modernes qui déconcertent un peu, entre les buis taillés.

Dans les cités belges, on est accompagné par les sonneries de cloches, les angélus et les carillons. Ceux-ci ont des répertoires étendus, mêlant parfois aux musiques pieuses des airs patriotiques ou des refrains populaires. Cet éclectisme s'accorde avec les anges des clochers, les girouettes, les cocasses symboles surmontant les façades à redans : un voilier, un Bacchus, un archange, un escargot, un Manneken-Pis... Certains de ces personnages haut perchés sont célèbres, comme Jean de Nivelles, le jacquemart de la collégiale Sainte-Gertrude à Nivelles. Les Flamands ont toujours excellé dans ces automates. L'horlogerie les passionne et, si on en a le loisir, il est amusant d'aller voir à Lierre, entre Anvers et Malines, le chef-d'œuvre d'un simple horloger, Louis Zimmer, qui, en quatre ans, le soir, après sa journée de travail, a réalisé, pour l'offrir en 1930 à sa ville, une horloge à 13 cadrans indiquant les heures, les jours, les phases de la lune, les marées, etc., puis un studio astronomique où un mouvement compliqué, remonté pour quatre cents ans, anime 57 cadrans, un cortège d'automates et un planétarium où une boule d'or, représentant Pluton, tourne autour du Soleil en deux cent quarante neuf ans.

La Belgique gourmande

Dans les nombreux musées, fameux ou discrets, que la Belgique recèle, dans les vastes salles de ses hôtels de ville, de ses marchés couverts, de ses échevinages sont exposés des Bruegel et des Van der Weyden, des Jérôme Bosch et des Jordaens, des châsses et des ciboires enrichis d'émaux, des ferronneries et des cuivres mosans. Et aussi, presque toujours, des tapisseries, les célèbres « verdures de Flandres » que tissaient les hautes-lissiers d'Audenarde, où les ducs de Bourgogne faisaient

copier les cartons de Van Eyck, de Teniers. Dans la halle aux draps de la ville, on peut admirer ces futaies profondes où bondit un chevreuil, où un paon laisse traîner sa queue. Les teinturiers, alors, ignoraient la garance, la cochenille : une lumière sous-marine baigne la grande forêt peuplée de gibier et d'oiseaux. Pour former les ouvriers de la Manufacture des Gobelins, Colbert fit venir deux cents des meilleurs tapissiers de Flandres, et, de ce jour, commença la décadence d'Audenarde. Ciselé dans une matière trop tendre, son hôtel de ville couleur de pain brûlé, que Victor Hugo comparait à une « fleur de pierre », s'émiette lentement, mais, dans les estaminets de l'immense place, on boit une bière haute en couleur et forte en goût.

Les houblonnières, qui secouent leurs grappes blondes sur les sablonneuses plaines flamandes, donnent une gamme très large de bières, allant de l'amère *gueuze lambic,* qu'on additionne d'une pierre de sucre, à la sombre *diest,* sucrée, à épaisse mousse brune. Choisie selon le goût de chacun, la bière accompagne à merveille la charcuterie belge, le moelleux filet d'Anvers, le merveilleux jambon d'Ardenne, rose à graisse nacrée, les pâtés de hure de sanglier, la tête de veau en tortue, la venaison.

La Belgique est gourmande, ses ripailles sont fameuses, et ses cuisines, débordantes de gibier, de tourtes, de légumes et de fruits, ont inspiré plus d'un peintre. On a trop souvent dit que la table belge était plus abondante que fine. C'est une injustice, car on est exigeant sur la

fraîcheur et la qualité. Rien de plus délicat que le *waterzoei* gantois, de poulet ou de poisson, avec sa sauce légère parfumée au cerfeuil et au céleri ; de plus subtil que la saveur acidulée de l'anguille au vert ; de plus frais que les tomates farcies de crevettes roses. Certes, le fromage de Herve sent un peu fort ; les *choesels* bruxellois, bien qu'accommodés au madère, rebutent certains gourmets parce qu'ils sont faits avec du pancréas, et le poisson à l'escavèche de Namur garde de ses origines espagnoles une vigueur un peu brûlante. D'accord, les frites ne sont plus ce qu'elles étaient : blondes, à la fois sèches et fondantes, servies bien chaudes avec des moules grasses, nageant dans leur bouillon d'oignon, de persil et de céleri, ou emportées sans façon dans un cornet, avec ou sans ajout de mayonnaise ou de pickles. L'oie telle qu'on la prépare à Visé et le lapin à la tournaisienne, avec ses pruneaux, sont peut-être un peu trop plantureux, mais nul ne peut contester la pâtisserie belge : les tartes (qu'on appelle joliment des « dorées ») innombrables — au riz, au sucre, à la prune, au fromage, au flan —, les treillis à l'abricot, les galettes et les gaufres caramélisées, les croquants pains à la grecque, les croustillants spéculos au miel et aux amandes.

Quant au chocolat, pas de surprise avec lui : qu'il s'agisse de la plus simple tablette ou de la « praline » au lait (au moka, aux noisettes, aux liqueurs, moulée en fleur de lis ou mouchetée d'or) vendue dans les boutiques de luxe, il est resté semblable à lui-même : exquis.

▲
L'immense plage d'Ostende n'est qu'une partie du magnifique ruban de sable fin qui ganse, sur plus de 60 km, le littoral de la mer du Nord.
Phot. P. Tétrel

le Luxembourg

Le grand-duché de Luxembourg, un des plus minuscules États souverains d'Europe (2 586 km^2), a mis bon ordre dans son étroit domaine. De la frontière belge aux rives de l'Alzette, des gisements qui semblent inépuisa-

bles alimentent en fer 6 hauts fourneaux, 3 aciéries, 6 laminoirs géants, une industrie lourde produisant près de 4 millions de tonnes d'acier par an, si puissante que le grand-duché doit faire appel à l'immigration étrangère. Ses 367 000 habitants ont un des niveaux de vie les plus élevés d'Europe et, en dépit de l'activité fiévreuse du bassin minier, ils ont su conserver à leur pays un air pur, des eaux vives, des paysages romantiques, une ambiance de vacances perpétuelles.

Une capitale d'opérette, isolée sur un rocher qui fut longtemps aussi inexpugnable que celui de Gibraltar et que forent 20 km de galeries souterraines. On en fait le tour par une ravissante promenade en corniche, coupée de tours en ruine dominant une gorge profonde. Les fortifications ont cédé la place aux jardins ; des ponts et des viaducs relient la citadelle au

reste du monde, car, dans leur palais, le grand-duc et sa famille n'ont rien à craindre d'un peuple paisible, laborieux et satisfait.

La ville moderne contraste avec casemates et remparts par ses édifices d'un modernisme fonctionnel, très purs de lignes, bien intégrés au paysage et qui abritent la Cour de justice de la Communauté européenne, le secrétariat du Parlement européen et le Fonds monétaire entre autres organisations internationales.

Héritier d'une longue histoire fort agitée, le Luxembourg est tourné vers l'avenir. Centre financier et de recherches (scientifique, médicale, culturelle), il accueille avec une chaleureuse bonne grâce le tourisme familial — et, en particulier, la jeunesse — dans des gîtes d'étape, des auberges, des campings.

Les distances sont courtes, un circuit en autocar permet de faire le tour du territoire en

▲
Encerclés par un méandre très encaissé de la rivière, le village d'Esch-sur-Sûre et les ruines d'une forteresse médiévale s'étagent sur un éperon rocheux.
Phot. Weiss-Rapho

▶
Luxembourg, capitale du Grand-Duché, est une ancienne ville forte, cernée sur trois côtés de profonds fossés naturels, creusés dans le roc par deux petites rivières.
Phot. P. Tétrel

le Luxembourg

une journée, avec loisir pourtant de goûter le pétillant vin de Moselle ou un verre d'eau guérisseuse à Mondorf-les-Bains, de frissonner dans une ancienne « chambre de torture » ou de s'incliner sur les tombes des Américains tombés en 1944, lors de l'offensive Rundstedt, malgré les draps que les paysans des alentours sortaient de leurs armoires et même de leur lit pour camoufler les soldats et les chars alliés dans les champs de neige.

Des sentiers aménagés serpentent et rivalisent de boucles et de détours avec les rivières, qui prennent au passage les villes par la ceinture. La petite Suisse luxembourgeoise présente, en miniature, ravins, rochers d'escalade, torrents et cascades.

Souvenirs d'un passé féodal et de longues querelles de voisinage, le Luxembourg ne compte pas moins de 130 châteaux fortifiés, souvent réduits à des ruines imposantes, dominant des villages riants, des rivières capricieuses, des campagnes aux douces courbes boisées. Victor Hugo aimait y évoquer le fantôme des farouches Burgraves. Il séjourna à plusieurs reprises, durant ses années d'exil volontaire, devant les murailles du château de Vianden, où sa maison est devenue musée.

C'est Echternach, toutefois, qui attire le plus de touristes, avec sa célèbre procession dansante du mardi de la Pentecôte. Ébranlé dès 9 heures du matin par l'appel d'une énorme cloche, don de l'empereur Maximilien, un impressionnant cortège se met en marche, trois pas en avant, deux en arrière, chantant, priant, pénétrant dans la basilique dont la crypte abrite la sépulture de saint Willibrord, mort en 739, défilant interminablement dans les rues pittoresques de la ville. Cette étrange cadence rappelle que le grand saint venu d'Irlande — et après lui ses reliques — guérissait la danse de Saint-Gui.

Pieuse tradition, dévotement conservée, comme les légendes qui fleurissent, avec les églantiers et les seringas, parmi les murailles et les salles d'armes des châteaux coiffés d'ardoise, en ce pays si vert, si frais, si sage, qui est un peu, à l'écart des remous, le cœur de la Nouvelle Europe ■ Suzanne CHANTAL

▲
Château féodal, église de style rhénan et abbaye bénédictine dont le clocher, copié sur celui de Cluny, pointe au-dessus des arbres : le bourg de Clervaux.
Phot. Sappa-Cedri

▶
Le Luxembourg est hérissé de châteaux forts en ruine, tel celui de Bourscheid, bâti en nid d'aigle au sommet d'un mamelon qui contrôle la vallée de la Sûre.
Phot. P. Tétrel